PROGRAMME

D'UN COURS

D'HISTOIRE MILITAIRE

DE LA FRANCE

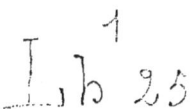

Ce programme est le résumé de l'*Histoire militaire de la France* de M. P. Giguet, ouvrage adopté par le Ministère de la guerre pour les écoles régimentaires. (2 vol. in-8, prix, brochés, 15 fr. Paris, librairie de L. Hachette et Cie.)

PROGRAMME

D'UN COURS

D'HISTOIRE MILITAIRE

DE LA FRANCE

A L'USAGE

DES ÉCOLES RÉGIMENTAIRES

PARIS
LIBRAIRIE DE L. HACHETTE ET Cie
RUE PIERRE-SARRAZIN, N° 12
(Quartier de l'École de Médecine)

1849

PROGRAMME

D'UN COURS

D'HISTOIRE MILITAIRE

DE LA FRANCE.

INTRODUCTION.

ÉTAT DE LA GAULE

Depuis le viie siècle avant J. C. jusqu'à l'an 420 de l'ère chrétienne.

1. Les Kimris envahissent le nord de la Gaule. — Migrations des Gaulois. — Bataille de l'Allia ; prise de Rome. — La tribu des Sénonais est anéantie.

2. Les Romains subjuguent la Gaule cisalpine. — Ils réduisent en province romaine le Dauphiné, la Provence, le Languedoc. — César entre dans la Gaule indépendante ; — ses victoires sur les Helvètes et les Suèves. — Il bat les Belges ; — il subjugue la Gaule occidentale. — Ses expéditions en Germanie et en Grande-Bretagne. — Il combat l'insurrection générale des vaincus. — Il prend Alise et met le sceau à sa conquête.

3. Organisation de l'administration et de la force publique. — Armement, manière de combattre sous les Romains.

4. Révolte de Civilis. — Grande incursion des Francs. — Suite d'invasions. — Nouveaux désastres. — Révolte des Ba-

---

[1] Ce programme est le résumé des matières contenues dans l'*Histoire militaire de la France*, par P. Giguet, ouvrage adopté par le ministère de la guerre pour les écoles régimentaires. (2 vol. in-8, Paris, librairie de L. Hachette et Cie.)

gaudes. — Victoires de Constance Chlore. — Victoires de Constantin. — Paix sous le règne de ce prince. — Progrès des Barbares; — leurs établissements fixes.

PREMIÈRE PÉRIODE.

DE PHARAMOND A PÉPIN-LE-BREF. (420-752.)

Conquête des Gaules par les Francs; guerres des Austrasiens et des Neustriens.

5. Commencement incertain de la monarchie des Francs. — Victoires d'Aétius. — Irruption des Huns. — Règne de Childéric.

6. Avénement de Clovis. — Bataille de Soissons. — Clovis soumet les Tongriens. — Son mariage. — Bataille de Tolbiac. — Conversion de Clovis; — ses limites. — Il fait la guerre aux Bourguignons, puis aux Visigoths. — Bataille de Vouglé. — Incursion au midi. — Cruautés de Clovis. — Son expédition en Bretagne; — sa mort. — Partage de sa succession.

7. Conquêtes des Francs en Germanie; — leurs expéditions en Italie. — Ils dépossèdent les Bourguignons et les Visigoths. — Leur tentative sur l'Espagne. — Agrandissement de Clotaire 1er; — son expédition en Saxe. — Dissidence entre les Neustriens et les Austrasiens. — Institution d'un maire du palais. — Avénement de Clotaire II. — Il cède l'Austrasie à Dagobert. — Sa mort. — Il laisse l'Aquitaine à Haribert. — Dagobert réunit tous ses royaumes. — Sa guerre contre les Slaves. — Il cède l'Austrasie à Sigebert II.

8. Rois fainéants. — Bataille de Tertry. — Guerres de Pépin d'Herstall. — Sa mort. — Soulèvements des Frisons et des Neustriens. — Charles-Martel les réprime. — Batailles de Vincy; — de Soissons. — Guerre en Saxe. — Invasions des Sarrasins. — Bataille de Poitiers. — Incursions sur le Rhin, sur le Rhône, en Aquitaine. — Nouvelle guerre en Saxe. — Siége de Narbonne. — Conquête de la Provence. — Mort de Charles-Martel.

9. Ses fils; leurs guerres. — Pépin se fait élire roi.

10. Organisation des armées; armement, administration, manière de combattre.

SECONDE PÉRIODE.

DE PÉPIN-LE-BREF A HUGUES-CAPET. (752-987).

Guerres des Carlovingiens.

11. Sacre de Pépin ; — ses guerres en Italie ; — en Languedoc ; il prend Narbonne ; il soumet l'Aquitaine ; sa mort.

12. Ses fils se partagent son royaume. — Révolte de l'Aquitaine. —Mort de Carloman ; Charlemagne s'empare de ses États.

13. Organisation des armées de Charlemagne.

14. Sa première campagne contre les Saxons. — Il fait la conquête de la Lombardie ; — il retourne en Saxe ; il soumet le Frioul et combat encore les Saxons.

15. Son expédition en Espagne ; échec de Roncevaux.

16. Quatrième campagne en Saxe ; victoire de Buckholz. — Cinquième campagne ; bataille de Sonnethal ; victoires de Dethmold et de la Hase. — Baptême et soumission de Vitikind.

17. Excursion en Bretagne. — Soumission d'Arigise, duc de Bénévent. — Invasion de la Bavière ; déposition du duc Tassilon.

18. Expédition contre les Slaves wilses. — Campagne contre les Abares ; — apprêts d'une seconde campagne ; Charlemagne à Ratisbonne.

19. Soulèvements contre lui. — Il retourne en Saxe; ses vengeances ; ses cruautés. — Son fils Pépin réduit les Abares. — Long séjour en Germanie ; les Bretons sont réduits.

20. Charlemagne proclamé empereur d'Occident ; son dessein de réunir les deux empires. — Il transplante les Saxons en deçà du Rhin ; il institue le tribunal wêmique. — Ses dernières expéditions. — Sa mort.

21. Conséquences de sa politique.

22. Couronnement de Louis le Débonnaire. — Guerre sur toutes ses frontières. — Ses discussions avec ses fils, sa mort.

23. Guerre civile entre ses successeurs. —Bataille de Fontenay ; — traité de Verdun ; l'empire est partagé ; limites de la France.

24. Ravages des Normands. — Capitulaire de Kersy. — Impuissance des successeurs de Charles le Chauve. — Incursions continuelles des Normands.

25. L'empereur Charles le Gros est élu roi de France; siége de Paris, gloire du comte Eudes; intervention honteuse du roi. — Il est déposé et meurt. — Eudes est élu à sa place.— Défaite des Normands à Louvain. — Eudes partage le royaume avec Charles le Simple.

26. Celui-ci est fait roi. — Aux prises avec Rollon, duc des Normands. — Il lui cède la Neustrie maritime; il prend la Lorraine; ses succès en Allemagne; il perd ses conquêtes; il est déposé.

27. Raoul, duc de Bourgogne, est élu roi.

28. Élection de Louis d'Outre-mer; ses luttes, ses guerres féodales. — Élection de Lothaire; Othon II sous les murs de Paris.—Louis le Fainéant succède à Lothaire; sacre de Hugues Capet.

TROISIÈME PÉRIODE.

DE HUGUES-CAPET A PHILIPPE VI. (987-1328.)

1. Guerres privées; conquête de l'Angleterre; première croisade.

29. État de la France; guerres privées, morcellement universel. — Établissement de la trêve de Dieu; éclat de la chevalerie.

30. Les Normands en Italie; leurs conquêtes; ils reconnaissent le pape suzerain des Deux-Siciles.

31. Projets de Grégoire VII; il donne l'Angleterre à Guillaume de Normandie; bataille d'Hastings.

32. Les Turcs prennent le saint sépulcre. — Concile de Clermont. — Première croisade. — Départ de Godefroy de Bouillon.—Prise de Nicée; batailles de Dorylée;—d'Antioche; prise d'Antioche. — Prise de Jérusalem.— Départ de renforts; leurs désastres. — Troisième armée que conduit Boémond.

33. Fermentation en France, commencement des communes.

II. Guerres entre la royauté et les grands feudataires ; suite des croisades.

54. Louis le Gros aux prises avec les sires de Montlhéry et de Montmorency, — avec Henri Ier d'Angleterre. — Bataille de Brenneville. — Grande armée féodale rassemblée contre l'empereur Henri V. — Extension du pouvoir de Louis ; — mariage de son fils ; sa mort.

55. Seconde croisade ; départ de Louis VII ; destruction de l'armée à Laodicée.

56. Retour du roi, son divorce ; sa femme épouse Henri Plantagenet. — Hostilités de Louis et de Henri. — Thomas Beckett est assassiné ; parti que Louis tire de cet événement.

57. Avénement de Philippe II ; ses démêlés avec Henri.

58. Bataille de Tibériade. — Troisième croisade ; marche des Allemands ; mort de Frédéric Barberousse ; les croisés prennent Saint-Jean d'Acre. — Retour de Philippe. — Captivité de Richard Cœur de Lion.

59. Philippe envahit la Normandie ; sa retraite ; ses trêves avec Richard. — Mort de ce dernier. — Conquêtes de Philippe sur Jean sans Terre.

40. Quatrième croisade ; le comte de Flandre empereur à Constantinople. — Croisade contre les Albigeois. — Bataille de Muret.

41. Coalition contre la France. — Philippe envahit la Flandre. — Bataille de Bouvines. — Défaite de Jean sans Terre.

42. Cinquième croisade. — Prise de Damiette.

43. Louis de France en Angleterre, il échoue ; — son avénement ; ses progrès au Midi, sa mort.

III. Extension du pouvoir royal ; suite des croisades ; commencement des guerres avec les Flamands.

44. Prépondérance de la couronne ; interdiction des guerres privées ; dépendance des justices féodales.

45. Ligue contre saint Louis. — Guerre avec Henri III d'Angleterre ; — batailles de Taillebourg ; — de Saintes.

46. Louis part pour l'Orient ; — il prend Damiette. — Bataille de Mansourah; — retraite des croisés; — captivité du roi; — son retour en Europe.

47. Charles d'Anjou en Italie; bataille de la Grandella.

48. Louis débarque à Tunis; sa mort.

49. Tentatives de Philippe le Hardi pour s'étendre au midi.

50. Philippe le Bel s'efforce d'augmenter le pouvoir monarchique; — il convoque les députés des communes aux états généraux; — traité de Tarascon; démêlés avec Édouard Ier d'Angleterre; progrès en Flandre; saisie de ce fief.

51. Révolte des tisserands de Bruges; — batailles de Courtrai; — de Mons-en-Puelle.

52. Réformes intérieures; débats avec le pape Boniface VIII; procès des templiers; mort de Philippe.

53. Courts règnes de ses trois fils.

54. Organisation des armées; dignités militaires.

QUATRIÈME PÉRIODE.

DE PHILIPPE VI (DE VALOIS) A CHARLES VIII.
(1328-1483.)

I. Suite des guerres avec les Flamands; réaction contre la bourgeoisie; guerres avec l'Angleterre.

55. Situation de l'Europe; parallèle entre la France et l'Angleterre. — Tendances absolutistes de Philippe.

56. Grande armée contre les Flamands; — bataille de Cassel.

57. Apprêts de guerre; Édouard III d'Angleterre reconnu roi de France par les Flamands. — Combat naval de l'Écluse; — les Anglais en Guienne; — opérations contre eux. — Combat de Caen; — retraite d'Édouard; il passe la Somme; — bataille de Crécy. — Prise de Calais. — Peste noire; — mort de Philippe.

58. Jean renouvelle la guerre; — bataille de Poitiers ou de Maupertuis; captivité du roi.

59. Son fils aux prises avec les états. — Étienne Marcel; Robert Lecocq; la Jacquerie. — Traité de Brétigny.

60. Charles V envoie les compagnies en Espagne; — batailles de Navarrète, — de Monteil.

61. Les hostilités se renouvellent avec les Anglais; système de guerre du roi; épuisement des ennemis; leurs échecs. — Combat naval de la Rochelle; progrès de Duguesclin. — Expédition désastreuse des Anglais. — Trêve de Bruges.—Dernière campagne. — Mort du roi.

62. Ses réformes dans l'administration et l'armée.

II. Suite de la réaction contre la bourgeoisie et des guerres avec l'Angleterre; désastres de la chevalerie.

63. Expédition de Naples.

64. Agitation des grandes villes du Nord; soulèvement des Gantois; — bataille de Rosebecque.

65. Démence de Charles VI; factions à Paris ; — assassinat du duc d'Orléans.

66. Henri V d'Angleterre débarque en France; — bataille d'Azincourt.

67. Les Bourguignons dominent à Paris. — Assassinat de Jean sans Peur.

68. Prise de Rouen ; Paris livré aux Anglais.

69. Les Armagnacs se réfugient au delà de la Loire. — Batailles de Mons-en-Vimeu ; — de Baugé. — Siége de Cosne. — Mort d'Henri V et de Charles VI.

III. Efforts de la France pour expulser les Anglais; luttes avec la seconde maison de Bourgogne.

70. Batailles de Cravant; — de Verneuil. — Siége d'Orléans ; — journée des Harengs.

71. Jeanne d'Arc à Chinon ; — Orléans ravitaillée, — levée du siége; — bataille de Patay. — Sacre de Charles VII; attaque de Paris. — Jeanne prisonnière ; — elle est brûlée vive.

72. Paix d'Arras avec le duc de Bourgogne. — Soumission de Paris.

73. Réformes administratives et militaires. — La Praguerie. — Trêve avec les Anglais; le dauphin en Alsace ; — bataille de Saint-Jacques. — Institution d'une armée permanente. — Conquête de la Normandie et de la Guienne. — Rébellions du comte d'Armagnac et du dauphin. — Mort de Charles VII.

74. État du royaume. — Entrevue de Louis XI et de Philippe le Bon. — Ligue du bien public; — bataille de Montlhéry. — Traité de Conflans; — privilèges accordés à Paris. — Louis accable le duc de Bretagne; traité d'Ancenis.

75. Entrevue de Péronne; — traité en cette ville. — Sac de Liége. — Louis détache son frère du parti bourguignon; il reprend les places de la Somme; trêve qu'il signe.

76. Ligue contre la France; Charles le Téméraire suspend ses coups. — Mort du frère de Louis; son apanage saisi. — Siége de Beauvais. — Charles en Normandie. — Trêve avec le duc de Bretagne; trêve de Senlis avec le Téméraire. — Siége de Neuss. — La Ligue accablée au midi; le Roussillon conquis; paix avec l'Aragon; — traité de Picquigny avec Édouard IV d'Angleterre.

77. La trêve renouvelée avec Charles. — Exécution de Saint-Pol. — Charles le Téméraire s'empare de la Lorraine et envahit la Suisse. — Batailles de Granson, — de Morat, — de Nancy.

78. Provinces que saisit Louis XI. — Marie de Bourgogne épouse Maximilien d'Autriche. — Hostilités avec ce dernier; — bataille de Guinegate; — traité d'Arras. — Prise de possession de la Provence.

79. Situation du royaume et de l'Europe; organisation de la force publique permanente; progrès de l'artillerie.

CINQUIÈME PÉRIODE.

DE CHARLES VIII A HENRI II. (1483-1547.)

I. Guerre de Bretagne.

80. Minorité de Charles VIII; — ligues contre lui; — convocation des états généraux; leur attitude; — fermeté de la régente Anne de Beaujeu. — Bataille de Saint-Aubin-du-Cormier. — Mariage du roi avec Anne de Bretagne.

II. Guerres d'Italie; conquête de Naples.

81. Droits de Charles VIII sur la couronne des Deux-Siciles. — Son armée; ses concessions à ses voisins. — Mort de Ferdinand, roi de Naples. — Bataille de Rapallo; — Charles en Italie; — passage du col de Pontrémoli ; — entrée à Florence, à Rome; — traité avec Alexandre VI. — Abdication d'Alphonse de Naples; progrès de l'armée; combat sur le Garigliano. — Entrée à Naples.

82. Ligue formée par les Vénitiens. — Entrée solennelle de Charles VIII à Naples; — sa retraite. — Le col de Pontrémoli forcé; — bataille de Fornovo. — Retour en France. — Bataille de Seminara. — Naples attaquée; — bataille d'Éboli; — capitulation de l'armée.

83. Invasion du Languedoc; trêve générale. — Mort de Charles VIII; situation du royaume; agrandissement de la maison d'Autriche; les factions assoupies en Angleterre.

III. Suite des guerres d'Italie; conquête du Milanais; ligue contre la France.

84. Avénement de Louis XII; son mariage avec Anne de Bretagne; ses traités. — Il fait la conquête du Milanais; — son entrée à Milan. — Trivulce chassé de Milan. — Sforze trahi et livré au roi.

85. Le partage des Deux-Siciles stipulé avec Ferdinand d'Aragon. — Frédéric de Naples détrôné. — Les coalisés se font la guerre; Gonsalve renfermé à Barletta. — Batailles de Seminara; — de Cérignoles; les Français chassés de Naples.

86. Nouvelle armée dans les États romains; — ses désastres. — Capitulation de Gaëte; — retraite de Louis d'Ars; — révolte de Gênes.

87. Ligue de Cambrai. — Maximilien aux prises avec les Vénitiens. — Bataille d'Agnadel; — siége de Padoue. — Louis se replie sur l'Adige.

88. Siége de la Mirandole. — Bataille de Bologne. — Reprise de Brescia. — Bataille de Ravenne; mort de Gaston de Foix; — retraite des Français.

89. Ferdinand d'Aragon s'empare de la Navarre. — Expédition contre lui.

90. Nouvelle ligue; le Milanais reconquis. — Bataille de Novare ou de la Riotta.

91. Coalition générale contre la France. — Henri VIII et Maximilien en Flandre; — les Suisses en Bourgogne; retraite

de ceux-ci ; — 2ᵉ bataille de Guinegate (journée des Éperons).
— Prise de Thérouenne et de Tournai. — Traités de Londres.
— Mort de Louis XII.

IV. Suite des guerres d'Italie; expéditions du Milanais et de Naples; triomphe de Charles-Quint.

92. Traités de François Iᵉʳ ; ses apprêts de guerre. — Passage des Alpes. — Bataille de Marignan ; — le Milanais conquis. — Paix de six ans.

93. Changements en Europe. — Luther ; avénement de Charles-Quint à l'empire. — Incursion en Navarre ; échec sous Pampelune. — Le duc de Bouillon aux prises avec l'empereur. — Prise de Fontarabie. — Siége de Mézières. — Intervention de l'armée royale. — Retraite sur la Somme.

94. Lautrec évacue le Milanais ; — il y rentre ; — bataille de la Bicoque ; — Lautrec repasse les Alpes ; — siége de Fontarabie ; — Henri VIII débarque à Calais.

95. Coalition générale contre la France ; complot du connétable de Bourbon ; — prise de Fontarabie ; siége de Bayonne. — Les lansquenets en Bourgogne ; les Anglais en Picardie. — Bonnivet envahit le Piémont ; — retraite de Bonnivet ; mort de Bayard ; — premier siége de Marseille ; la flotte alliée détruite à Nice.

96. François rentre en Italie ; ses fautes ; — bataille de Pavie, captivité du roi. — Les frontières sont préservées. — Invasion des anabaptistes. — Traité de Madrid.

97. Nouvelle ligue ; les Turcs en Hongrie. — Prise de Rome ; mort de Bourbon. — Lautrec rentre en Italie ; ses progrès ; — il délivre Rome. — Il bloque Naples, défection de Doria ; l'armée française capitule. — Défaite de Saint-Pol à Landriane. — Paix de Cambrai.

V. Guerres avec la maison d'Autriche ; invasions de la Provence et de la Champagne.

98. Charles-Quint en Allemagne ; ligue de Smalkalde. — François la protége ; — ses subsides aux Hongrois ; — ses négociations avec Soliman. — Invasion des Turcs en Hongrie ;

Charles les contient. — François s'efforce de former une infanterie nationale. — Charles à Tunis. — Les hostilités se renouvellent en Piémont. — Manifeste de Charles; ses succès; il passe le Var. — Second siége de Marseille.

99. Invasion de la Picardie. — Siége de Péronne. — Alliance avec les Turcs. — François entre en campagne en Artois. — Places qu'il prend. — Trêve de ce côté.

100. Opérations des Turcs. — D'Humières en Italie; — sa détresse; — secours que lui amène le roi; — les Impériaux rejetés au delà du Pô. — Trêve de Nice. — Expédition de Charles-Quint à Alger.

101. François ébranle cinq armées. — Investissement de Perpignan; levée du siége; — opérations dans le Luxembourg. — Conquête de l'Artois; — des places de la Sambre; — de Luxembourg. — Les Impériaux assiégent Landrecies.

102. Prise de Nice. — Bataille de Cérisoles.

103. Siéges de Boulogne et Montreuil. — Prise de Luxembourg, — de Commercy, — de Ligny, — de Saint-Dizier. — Traité de Crespy; — délivrance de Montreuil.

104. Organisation et perfectionnements militaires; attributions des grades.

SIXIÈME PÉRIODE.

DE HENRI II A LOUIS XIV. (1547-1643.)

1. Suite des guerres avec la maison d'Autriche.

105. Charles-Quint abat le parti protestant en Allemagne; — Maurice de Saxe renouvelle la ligue de Smalkalde.

106. Henri III force les Anglais à la paix. — Ses stipulations avec la ligue allemande; — hostilités épisodiques en Italie; — Maurice se déclare contre l'empereur. — Prise de Metz, Toul et Verdun. — Invasion de l'Alsace; tentative sur Strasbourg. — Retraite de Henri. — Siége de Metz; levée du siége. — Sac de Thérouenne; — prise d'Hesdin. — Fin de la campagne au Nord.

107. Prise de possession de Sienne; coup de main sur

Naples. — Opérations en Hainaut. — Prise de Bavay. — Combat de Renty. — Combat de Marciano. — Prise de Casal. — Mariage de Philippe II d'Espagne.

108. Abdication de Charles-Quint. — Trêve entre Philippe et Henri II. — Expédition de Guise à Naples. — Tentative sur Douai; — bataille de Saint-Quentin; — Guise à la tête de l'armée; — prise de Calais; — de Thionville; — bataille de Gravelines; — traité de Cateau-Cambrésis. — Henri II tué dans un tournoi.

II. Guerres civiles et religieuses.

109. Causes des guerres civiles et religieuses; — grandeur des Guises; — complot d'Amboise; — mort de François II. — Massacre de Vassy. — Condé commence la guerre. — Prise de Rouen. — Bataille de Dreux. — Les protestants à Orléans et en Normandie. — Guise est assassiné. — Pacification d'Amboise.

110. Catherine de Médicis prête l'oreille aux conseils des protestants, leur politique; rupture qu'elle cause. — Condé tente d'enlever la cour; — elle rentre à Paris. — Bataille de Saint-Denis. — Condé rallie en Lorraine les auxiliaires allemands; — paix de Longjumeau. — La guerre recommence; — bataille de Jarnac; — siège de Poitiers; — bataille de Moncontour. — Belle marche de Coligny; — combat d'Arnay-le-Duc. — Paix de Saint-Germain. — Prise de Valenciennes et Mons; — mariage de Henri de Navarre; — massacre de la Saint-Barthélemy.

111. Siège de la Rochelle; trêve. — Formation du tiers parti; — Mort de Charles IX; Catherine déclare la guerre. — Combat de Fismes. — Forces des protestants à la Charité-sur-Loire. — Paix qu'ils obtiennent.

112. Commencement de la Ligue; premiers États de Blois. — Rupture suivie de la paix de Bergerac; — Nouvelle rupture suivie de la paix de Fleix. — Ascendant de Philippe II; les catholiques reprennent les armes; campagne infructueuse. — Bataille de Coutras. — Combat d'Auneau. — Henri III chassé de Paris. — Seconds États de Blois; assassinat des Guises. — Valois et le Béarnais réunis à Tours. — Ils marchent sur Paris; — leur camp de Saint-Cloud. — Henri III est assassiné.

113. Combat d'Arques. — Henri IV marche sur Paris; il se retire à Tours. — Bataille d'Ivry; — investissement de Paris: — Alexandre Farnèse part des Pays-Bas; il prend Lagny. — Levée du siége. — Retraite des Espagnols; — petite guerre autour de Paris. — Siége de Rouen; — secours amené par Farnèse; combat de Caudebec; retraite des ligueurs.

114. Mayenne et le parlement repoussent les prétentions de Philippe II; — conversion d'Henri IV; son entrée à Paris. — Il poursuit les Espagnols; siége de Laon. — Fin de la Ligue.

III. Reprise des guerres avec la maison d'Autriche.

115. Déclaration de guerre aux Espagnols. — Prise du Catelet; — de Cambrai. — Combat de Fontaine-Française. — Traité avec Mayenne; — Henri assiége la Fère. — Les Espagnols prennent Calais. — Prise de la Fère. — Prise d'Amiens par l'ennemi. — Siége de cette ville; combat contre un corps de secours. — Capitulation d'Amiens. — Traité de Vervins.

116. Édit de Nantes. — Projets d'Henri; sa mort.

IV. Suite des guerres avec la maison d'Autriche; guerre de Trente ans.

117. Féodalité nouvelle, combattue par Richelieu; la réforme combattue en Allemagne. — Bataille de Prague. — Les Impériaux dans la Valteline; hostilités commencées par Richelieu. — Les protestants vaincus par Ferdinand. — Siége de la Rochelle. — Invasion du Piémont; prise de Pignerol; bataille de Veillane. — Les Impériaux prennent Mantoue. — Trêve.

118. Gustave-Adolphe de Suède débarque en Allemagne: — batailles de Leipzig; — de Lutzen; — mort de Walstein. — Complot contre Richelieu; combat de Castelnaudary. — Richelieu se met à la tête de l'Europe; ses alliés; ses troupes; ses hommes de guerre.

V. La France dirige la guerre de Trente ans.

119. Bataille d'Avain; — sac de Tirlemont, siége de Louvain; — les Français rejetés en Hollande. — Combat de Montbéliard; — prise de Saint-Mihiel; — guerre sur les frontières: — siéges de Dôle, — de Saint-Jean-de-Losne; — prise de la

Capelle, de Roye, de Corbie. — Le cardinal rentre dans ces deux dernières villes.

120. Bataille de Wilstock. — Vicissitudes en Italie; Rohan chassé de la Valteline. — Les frontières respectées; prise des places de la Flandre. — Bataille de Leucate. — Échecs à Fontarabie et à Saint-Omer. — Bataille de Rhinfeld. — Prise de Brisach. — Prise de possession de l'Alsace; opérations sur la Meuse. — Invasion de l'Artois; — bataille d'Arras; — prise de cette ville. — Incursion sur Ratisbonne. — Mort de Banier; — bataille de Wolfenbuttel; — progrès en Piémont; — prise de Turin.

121. Révoltes intérieures; combat de la Marfée. — Bataille de Kempen. — Prise de Perpignan. — Bataille d'Hennecourt. — Bataille de Breitenfeld. — Mort de Richelieu; — mort de Louis XIII.

122. Organisation des armées; armes et composition de l'infanterie et de la cavalerie; grades et attributions.

SEPTIÈME PÉRIODE.

DE LOUIS XIV A LA RÉPUBLIQUE. (1643-1792.)

I. RÈGNE DE LOUIS XIV.

1. Fin de la guerre de Trente ans.

123. Élan de la maison d'Autriche contenu; — bataille de Rocroy; — prise de Thionville; — combat de Tuttlingen. — Mouvements de Turenne sur le Rhin; — bataille de Fribourg; — prise de Philipsbourg. — Bataille et prise de Lérida. — Progrès des Suédois; — batailles de Marienthal; — de Nordlingen; suites de la victoire. — Bataille de Llorens; progrès en Catalogne, en Italie, en Flandre.

124. Prise de Courtrai et de Dunkerque. — Turenne passe le Danube; combat de Landsberg. — Condé en Catalogne. — Turenne marche sur les Pays-Bas; révolte des Weymariens; — leur retour en Allemagne; — bataille de Susmarhausen. — Paix de Westphalie. — Bataille de Lens.

II. Guerres de la Fronde.

125. Deux partis éclatent contre Mazarin; la cour est chassée de Paris; — combat de Charenton; — paix de Ruel; — arrestation de Condé; la guerre recommence; — bataille de Rethel; — combat de Bléneau. — Intervention des Lorrains; manœuvres autour de Paris; — bataille du faubourg Saint-Antoine. — Condé reçu à Paris; il en sort. — Entrée du roi à Paris, fin de la Fronde.

III. Guerres contre la branche espagnole de la maison d'Autriche.

126. Condé aux prises avec Turenne; prise de Roye; — de Rocroy. — Siége de Stenay; secours d'Arras; — hostilités en Hainaut; prise de Landrecies; — de Condé; — de Saint-Guillain. — Bataille de Valenciennes; — secours de Cambrai; prise de Saint-Venant, de Mardick. — Bataille des Dunes; — prise de Dunkerque et des places entre la Lys et l'Escaut; — paix des Pyrénées.

IV. Guerre pour l'hérédité de Philippe IV d'Espagne.

127. Déploiement des armées françaises; — prise de Lille; — combat sous ses murs; — les Hollandais proposent leur médiation; conquête de la Franche-Comté. — Paix d'Aix-la-Chapelle.

V. Guerre contre la Hollande.

128. Causes de cette guerre; excès du despotisme de Louis XIV; guerres auxquelles il est entraîné.

129. Modifications dans l'effectif et l'armement de ses troupes; organisation de ses armées; ses règlements.

130. Entrée en campagne; — six forteresses prises; — mouvements du prince d'Orange. — Passage du Rhin; les places de la Hollande se rendent; entrée du roi à Utrecht; — bataille navale de Soul's-Bay. — La Hollande est inondée. — Insurrection à Amsterdam; le prince d'Orange est proclamé stathouder.

VI. Intervention des Impériaux.

131. Concentration de l'électeur de Brandebourg et des Impériaux ; Turenne les paralyse ; — l'électeur passe le Rhin ; — il est prévenu dans le comté de la Mark ; — Turenne le force à signer la paix. — Combat de Coverden ; le stathouder assiége Charleroi ; — marche sur Amsterdam ; — Charleroi dégagée ; — prise de Maëstricht ; — Naerden reprise par les coalisés ; — leur jonction ; ils font capituler Bonn. — Prise de Trèves.

VII. Coalition contre la France. (Suite des guerres avec la maison d'Autriche.)

1. *Opérations en Franche-Comté.*

132. Défection des alliés ; efforts de la coalition pour entraîner la Suisse ; Louis fait irruption en Franche-Comté ; — les places se rendent ; — prise de Besançon et de sa citadelle.

2. *Opérations en Belgique.*

133. La Hollande est évacuée ; bataille de Séneffe. — Audenarde sauvée par Condé ; — prise de Grave par les coalisés.

3. *Opérations sur le Rhin.*

134. Turenne chasse les Lorrains du Brisgau ; bataille de Sintzheim ; — les coalisés à Strasbourg. — Bataille d'Entzheim ; les coalisés envahissent l'Alsace ; — manœuvres de Turenne ; il évacue cette province ; — sa marche à travers les Vosges ; il rentre en Alsace par le Midi ; — combat de Mulhouse ; — bataille de Turkheim ; retraite des coalisés.

4. *Opérations au Midi.*

135. Les Français prennent l'ascendant en Catalogne ; révolte de Messine, — les habitants arborent le drapeau français ; — secours que leur envoie Louis XIV ; Duquesne disperse la flotte espagnole ; — Vivonne prend possession de Messine.

5. *Suite des opérations au Nord et à l'Est.*

136. Position respective des armées ; Louis se porte sur la Meuse ; — il prend toutes les places qui maîtrisent ce fleuve jusqu'à Maëstricht.

157. Turenne campe sous Strasbourg. — Il passe le Rhin ; — ses manœuvres ; sa mort ; bataille d'Altenheim ; combat de Consarbruck ; — capitulation de Trèves. — Campements de Condé en Alsace.

158. Prise de Condé sur l'Escaut ; —de Bouchain ; — d'Aire ; — délivrance de Maëstricht ; — capitulation de Philipsbourg. — Prise de Valenciennes ; — siége de Cambrai et Saint-Omer ; secours qu'amène le stathouder ; — bataille de Cassel ; — prise de la citadelle de Cambrai ; — de Saint-Omer. — Investissement de Charleroi ; retraite des alliés.

159. Combats de Kehl, —de Kochersberg. — Prise de Freybourg ; — de Saint-Guillain.

6. *Suite des opérations au Midi.*

140. Progrès en Catalogne ; — bataille d'Espouilles. — Bataille navale de Stromboli. — Bataille du Mont-Gibel ; — de Palerme ; — victoire dans les Antilles ; — prise de Tabago. — L'Angleterre se déclare contre la France. — La Sicile est évacuée.

7. *Fin des opérations au Nord et à l'Est.*

141. Manœuvres pour paralyser les forces anglaises ; prise de Gand ; — d'Ypres ; — combats à Rhinfeld et sur la Kintzig. — Paix de Nimègue ; — puissances qui adhèrent au traité, provinces et places qui restent à la France. — Créqui force l'électeur de Brandebourg à accéder au traité.

VIII. Transition entre les deux premières coalitions.

142. Louis prend possession de Strasbourg. — Il achète Casal. — Places qu'il fortifie, ports qu'il creuse. — Bombardement d'Alger, — de Tunis, de Tripoli. — Les Turcs investissent Vienne ; — cette ville est sauvée par Sobieski. — Louis entre en Belgique ; places qu'il prend. — Trêve de Ratisbonne.

143. Révocation de l'édit de Nantes. — Ligue d'Augsbourg. — Ambition de Guillaume, son projet de détrôner Jacques Stuart, Louis saisit la barrière du Rhin. — Guillaume débarque en Angleterre ; — bataille de la Boyne ; — bataille navale de Beachy-Head.

IX. Seconde coalition contre la France.

1. Opérations sur le Rhin.

144. Accroissement des armées; leur armement, leurs généraux. — Incendie du Palatinat. — Capitulation de Mayence;— de Bonn. — Défensive réciproque. — Les Français passent le Rhin; prise de Pforzheim. — Combat d'Heidesheim; — prise d'Heidelberg. — Alternatives et longue inaction sur les deux rives du Rhin.

2. Opérations en Belgique.

145. Combat de Walcourt. — Bataille de Fleurus. — Prise de Mons. — Combat de Leuze. — Bataille de la Hougue. — Prise de Namur. — Bataille de Steinkerque. — Bataille de Neerwinde, prise de Charleroi.— Luxembourg manœuvre pour éluder une bataille; sa belle marche en Flandre, sa mort. — Les coalisés investissent Namur; — bombardement de Bruxelles; capitulation de Namur, — et de sa citadelle. — Paix avec la Savoie; prise d'Ath.

3. Opérations au Midi.

146. Prise d'Urgel; bombardement de Barcelone.—Bataille du cap Saint-Vincent. — Bataille du Ter. — Prise de Girone. — Prise de Barcelone. — Bataille de Staffarde. — Conquête du comté de Nice. — Prise de Montmélian; — déblocus de Coni; — Capitulation d'Embrun; — le Dauphiné évacué. — Bataille de la Marsaille. — Prise de Casal. — Paix de Ryswick.

X. Guerre de la succession d'Espagne.

1. Philippe V à Madrid.

147. Mort de Charles d'Espagne; son testament. — Louis accepte les couronnes léguées à son petit-fils;— leurs adieux; — puissances qui reconnaissent Philippe V. — Louis XIV met garnison dans les places de la Belgique; la branche espagnole déclarée capable de succéder au trône de France; ligue que ces actes provoquent;—cour de Louis, ses alliés; ses armées; ses généraux.

2. Opérations en Allemagne.

148. Les Anglais contenus ; ils reprennent l'attaque. — Capitulation de Venloo,—Ruremonde,—Liége,—Kaiserswerth. — Prise d'Ulm ; — combat de Friedlingen. — Prise de Kehl. — Invasion du Tyrol. — Prise de Brisach ; siége de Landau ; — Victoire de Hochstett. — Prise de Passau. — Bataille de Spire. — Bataille de Shellenberg ; défaite de Hochstett ou de Blenheim.

149. Progrès des coalisés en deçà du Rhin ; places qu'ils prennent. — Villars au camp de Sierk. — Il rentre dans Trèves ; — il perd Wissembourg et Haguenau ;— il reprend ces places, — enlève le camp de Stolhoffen. — Combat près d'Huningue. — Prise de Landau ; — de Freybourg. — Traité de Rastadt.

3. Opérations en Belgique.

150. Combat d'Eckeren.—Capitulation de Limbourg et Huy ; — reprise de Huy ; investissement de Liége ; déblocus de cette ville. — Bataille de Ramillies. — Vendôme à la tête de l'armée ; il se tient sur la défensive. — Il couvre l'Escaut ; combat d'Audenarde ou de Gavre ; — investissement de Lille ; — prise de Lille et de sa citadelle ; diversion sur Bruxelles.

151. Détresse de la France ; Villars à la tête de l'armée ; prise de Tournai et de sa citadelle ; — bataille de Malplaquet ; — prise de Mons ; — de Douai ; — de Béthune ; — de Saint-Venant, d'Aire ;—les Anglais se retirent de la coalition ;—réduction de Bouchain, du Quesnoy. — Bataille de Denain ; les coalisés hors de combat ; places que reprend Villars. — Paix d'Utrecht.

4. Opérations en Italie

152. Les Impériaux prennent l'offensive en Italie ; fâcheuse position de Catinat ; — combats de Carpi ; — de Chiari ; — surprise de Crémone ; — bataille de Luzzara ; — le duc de Savoie désarmé ;—batailles de Cassano ;—de Calcinato.—Eugène passe le Pô ; — sa jonction avec le duc de Savoie ; — leur manœuvre. — Batailles de Turin ; — de Castiglione. — Les coalisés reprennent les places de l'Italie ; — font capituler Médavi, — entrent à Naples. — Invasion de la Provence. — Défensive réciproque.

5. *Opérations en Espagne.*

153. Prise de la flotte des Indes. — L'archiduc Charles débarque à Lisbonne ; — prise de Gibraltar ; — bataille navale de Malaga ;—l'archiduc reconnu roi à Barcelone ; — siége de cette ville ; elle est débloquée ; — Philippe V à Burgos. — Bataille d'Almanza ; — longue guerre de siéges ; — bataille de Saragosse ; — les Portugais contenus sur le Tage ; — bataille de Villaviciosa.

II. RÈGNE DE LOUIS XV.

i. Guerre de la succession de Pologne (suite des guerres avec la maison d'Autriche).

154. État de la France et de l'Europe à la mort de Louis XIV ; la régence ; pragmatique sanction publiée par l'empereur Charles VI ; réintégration des Bourbons en Italie.

155. Stanislas Leczinsky élu roi de Pologne. — Secours français à Dantzig ; capitulation de la place ; — mouvements des armées sur le Rhin et en Italie ; — prise du fort de Kehl ; — de Philipsbourg. — Progrès en Italie, ralentis par la défection du roi de Sardaigne ; batailles de Parme ; — de Guastalla ; — de Bitonto. — Traité de Vienne.

ii. Guerre de la pragmatique sanction (fin des guerres avec la maison d'Autriche.)

1. *Opérations en Allemagne.*

156. La France entre dans une coalition contre l'Autriche ; prise de Lintz ; — de Prague ; — la Bavière envahie par les Impériaux ;— prise d'Égra. — Combats de Czaslau et Sahay. — Retraite de Prague. — Intervention des Anglais ; bataille de Dettingen ; — invasion et délivrance de l'Alsace ; — prise de Freybourg.

2. *Opérations en Belgique.*

157. Places que Noailles prend en Flandre ; diversion qui l'arrête. — Bataille de Fontenoy. — Prise des places de la Flandre ; — prise de Bruxelles ; — d'Anvers ; — de Mons ; — de Charleroi ;— de Namur ; — batailles de Raucoux ;— de Lawfelt ;

3. *Opérations en Italie.*

158. Les Espagnols débarquent à Naples; — conquête de la Savoie. — Combats de Villefranche; — des Barricades; — de Château-Dauphin; — de Velletri; — de Bassignano; — conquête et perte du Milanais; — bataille de Plaisance. — Invasion de la Provence. — Révolte de Gênes. — Combat d'Exiles.

III. Guerre de Sept ans.

159. Prospérité de la France, démêlés avec l'Angleterre; — prise du fort Nécessité (en Amérique); — de Port-Mahon.

160. Diversion continentale; — la France entre dans une coalition contre la Prusse; pour quels motifs; rôle qu'elle y joue.

161. Bataille d'Hastenbeck. — Conquête du Hanovre; convention de Closter-Seven. — Bataille de Rosbach; — prise de Minden. — Bataille de Crevelt. — Combats de Sondershausen; — de Lutzelberg. — Batailles de Bergen; — de Minden; — combats de Closter-Kampen; — de Fritzlar; — de Grünberg. — Batailles de Villinghausen; — de Wilhemstadt.

162. Prise du Canada. — Prise de l'Indostan.

163. Gloire de Frédéric; partage de la Pologne; affaissement politique de la France, sa puissance morale; apathie de Louis XV; épuisement de la noblesse; querelles des parlementaires et du clergé; suppression des jésuites, — puis des parlements. — Progrès des institutions militaires.

III. RÈGNE DE LOUIS XVI.

1. Guerre d'Amérique.

164. Autorité dont hérite Louis XVI; réformes qu'il entreprend; son état militaire.

165. Il est entraîné à prendre parti pour les Américains; capitulation de Saratoga. — Bataille navale d'Ouessant; efforts de l'Angleterre pour armer le continent; capitulation d'York-Town. — Bataille navale des Saintes. — Paix de Versailles.

II. Guerre contre l'Autriche. (Commencement des guerres de la révolution.)

166. Convocation des états généraux; les députés s'emparent du pouvoir; déclaration de Mantoue; fuite de Louis XVI; il accepte la constitution; — convention de Pilnitz; situation de l'Europe; — réformes dans l'armée; ses dispositions; — état des partis.

167. Déclaration de guerre. — Expédition en Belgique. — Révolution qui renverse le trône.

168. Invasion de la France; — manifeste de Brunswick. — Investissement de Landau; — attaque du camp de Fontoy. — Capitulation de Longwy. — Investissement de Verdun.

HUITIÈME PÉRIODE.

DE LA RÉPUBLIQUE A LA SECONDE RESTAURATION.
(1792-1815.)

I. RÉPUBLIQUE.

1. Campagne de 1792.

1. *Opérations en Champagne.*

169. Dissensions entre la Gironde et la Montagne; massacre des prisons; proclamation de la république; chute des Girondins.

170. Constitution du pouvoir exécutif. — Création du comité de salut public. — Mise en réquisition permanente du peuple français; — représentants en mission; — le comité réunit à ses attributions les relations extérieures.

171. Organisation de l'armée; recrutement; la conscription établie; — armes d'honneur; écoles militaires; — décorations.

172. Dumouriez est général en chef; ses projets; il lui est enjoint de marcher sur l'Argonne; ses mouvements. — Capitulation de Verdun. — Attaque du camp de Grandpré. — Le Chêne Populeux, — la Croix au Bois sont dégarnis. — Combat de la Croix au Bois. — Retraite de Dumouriez. — Alerte de l'armée. — Elle occupe le camp de Sainte-Menehould; — renforts qu'elle reçoit. — Bataille de Valmy; — retraite des coalisés.

2. Opérations au Nord, sur le Rhin et au Midi.

173. Siége de Lille, — retraite des Impériaux. — Prise de Spire, Frankenthal, Worms; — de Mayence; — de Francfort. Conquête de la Savoie; — du comté de Nice.

3. Opérations en Belgique et sur le Rhin.

174. Invasion de la Belgique; bataille de Jemmapes, entrée à Mons. — Prise d'Anvers, Charleroi, Namur. — Entrée à Bruxelles, à Liége. — Prise d'Aix-la-Chapelle. — Custine repoussé à Mayence. — Combat de Pellingen; — positions indécises des Français.

II. Campagne de 1793.

1. Revers en Belgique et dans le Palatinat.

175. L'Espagne, l'Angleterre, la Hollande sont entrées dans la coalition; invasion du Brabant hollandais; — déblocus de Maëstricht. — Bataille de Neerwinde. — Combat à Louvain, — retraite de l'armée; — fuite de Dumouriez. — Custine repoussé sous le canon de Landau; Mayence investie.

2. Insurrection en Vendée.

176. État des esprits en Vendée, sédition à Challans. — Intrigues de La Rouarie. — Prise de Châtillon.

177. Soulèvement général; — prise de Chollet, de l'île de Noirmoutiers. — Mouvements des généraux républicains. — Expédition de Berruyer; combats des Aubiers, de Vihiers, de Bressuire. — Prise de Thouars. — Première bataille de Fontenay; — seconde bataille.

3. Opérations au Nord.

178. Répartition des troupes en présence; combats de Quiévrain; — de Raismes; — du camp de la Madeleine; — les faubourgs de Valenciennes sont forcés. — Prise de Furnes; — capitulation de Condé; — de Valenciennes; disgrâce et mort de Custine. — Combat de Linselles. — Blocus de Dunkerque.

4. Opérations à l'Est.

179. Siége de Mayence; mort de Meunier; capitulation de

Mayence. — Blocus de Landau; — perte des lignes de Wissembourg.

5. *Opérations au Midi.*

180. Les Espagnols envahissent le Roussillon; prise de Bellegarde et du fort les Bains. — Bataille de Thuir ou Truillas. — Attaque des camps sur la Bidassoa.

181. Les Piémontais se maintiennent dans le camp de Saorgio. — Révolte de Lyon et de Toulon. — Bataille d'Épierre. — Reprise de Lyon. — Reprise de Toulon.

6. *Opérations en Vendée.*

182. Prise de Saumur; — occupation d'Angers; — attaque de Nantes. — Bataille de Coron. — Première bataille de Luçon, seconde bataille; — Disgrâce de Biron.

7. *Opérations au Nord.*

183. Carnot entre au comité; plan qu'il fait adopter; bataille d'Hondschoote. — Capitulation du Quesnoy. — Combats de Menin; — de Courtrai. — Bataille de Wattignies.

8. *Opérations en Vendée.*

184. Marche des Mayençais; — bataille de Torfou, — combats de Montaigu; — de Coron. — Bataille de Saint-Symphorien et de Treize-Septiers. — Combat de la butte du Moulin-aux-Chèvres et prise de Châtillon; — batailles de la Tremblaye; — de Chollet.

185. Les Vendéens passent la Loire. — Bataille d'Entrames; — marche des insurgés sur la Normandie; — attaque de Granville. — Retour en Bretagne; — combat de Pontorson; — bataille de Dol ou d'Antrain. — Attaque d'Angers; — batailles du Mans; — de Savenay.

9. *Fin des opérations dans les Vosges.*

186. Agitation de l'Alsace; — Hoche et Pichegru à la tête des armées; — combat de Kaiserslautern; — marche habile de Hoche; — combat de Woerdt; — bataille du Geisberg, retraite des coalisés.

III. Campagne de 1794.

1. *Opérations à l'intérieur, à l'Est et au Midi.*

187. Colonnes infernales en Vendée. — Commencement de pacification.

188. Inaction des armées du Rhin et de la Moselle.

189. Prise des cols du petit Saint-Bernard et du Mont-Cenis. — le camp de Saorgio est forcé; — prise du col de Tende. — Combat de Cairo.

190. Victoire du camp de Boulou, — reprise de Collioure: — de Port-Vendres. — Bataille et prise de Bellegarde. — Bataille de la montagne Noire. — Passage de la Bidassoa. — Occupation de la vallée de Bastan. — Prise de Fontarabie; — de Saint-Sébastien.

2. *Opérations sur les frontières du Nord.*

191. Siége de Landrecies. — Attaque des lignes de blocus; — seconde attaque; succès des ailes sur la Sambre et sous Lille, échec du centre à Troisvilles et Catillon; — capitulation de la place. — Bataille de Turcoing; — combat de Pont-à-Chin. — Bataille d'Hooglède, prise d'Ypres. — Passage de la Sambre, bataille de Grandreng; — troisième passage t combat sous Charleroi.

192. Intervention de Jourdan. — quatrième passage, quatrième retraite. — Bataille de Fleurus; — habiles manœuvres de Jourdan; sa jonction avec Pichegru; la Belgique conquise. — Révolution du 9 thermidor.

3. *Opérations pour arriver au Rhin.*

193. Les armées de l'Est s'ébranlent. — Batailles d'Édenkoben: — invasion de l'électorat de Trèves.

194. Batailles de Sprimont, — d'Aldenhoven. — Jonction des armées françaises sur le Rhin. — Prise de Bois-le-Duc. — Passage de la Meuse; — prise de Maëstricht et de Nimègue. — Conquête de la Hollande, armistice avec la Prusse.

iv. Campagne de 1795.

1. *Opérations à l'intérieur et au Midi.*

195. Trêve et traités à l'ouest. — Combat naval de Lorient, débarquement des émigrés ; — combat de Quiberon.

196. Prise de Roses ; — bataille de la Fluvia. — Prise de Bilbao.

197. Les Français renfermés dans la ligne de Borghetto ; — bataille de Loano.

2. *Opérations sur le Rhin.*

198. Prise de Luxembourg. — Passage du Rhin. — Prise de Manheim ; — échec de Pichegru. — Clerfayt marche sur Jourdan ; — retraite de ce dernier ; — déblocus de Mayence. — Mouvement rétrograde de Pichegru. — Capitulation de Manheim. — Combats sur la Nahe et trêve.

199. Insurrection royaliste à Paris. — Directoire.

v. Campagne de 1796.

1. *Opérations en Italie.*

200. Entrée en campagne ; — combat de Montelegino ; — bataille de Montenotte ; — combat de Cossaria ; — bataille de Millesimo ; — combat de Dego ; — bataille de Mondovi ; — passage du Pô ; — combats sur la rive gauche ; — bataille de Lodi. — Bonaparte entre à Milan. — Combat de Borghetto ; — blocus de Mantoue.

2. *Opérations en Allemagne.*

201. Jourdan débouche de Dusseldorf. — Ses mouvements, — sa retraite. — Fausse attaque de Manheim. — Moreau passe le Rhin. — Combats sur la Rench ; — sur la Murg ; — bataille d'Esslingen. — Marche de Jourdan ; — marche de Moreau ; — bataille de Neresheim. — Progrès de Jourdan ; — Moreau passe le Danube.

202. L'archiduc marche sur Jourdan ; — Nouveaux progrès de ce dernier ; sa retraite ; Moreau passe le Lech. — Bataille de Wurtzbourg ; — Jourdan s'arrête sur la Lahn ; — suite de sa retraite ; — combat d'Altenkirchen, mort de Marceau.

203. Retraite de Moreau ; — batailles de Biberach ; — d'Emmedingen ; — combats de Candern et de Schliengen.

3. Suite des opérations en Italie.

204. Combat de Salo ; — Masséna replié ; — Bonaparte porte ses forces sur sa gauche ; — reprise de Salo ; — de Brescia ; — combat de Castiglione ; — bataille de Lonato. — Bonaparte surpris dans cette ville ; — batailles de Castiglione ; — de Roveredo ; — combat de Primolano ; — bataille de Bassano ; — marche de Wurmser sur Mantoue ; — bataille de Saint-Georges ; — combat de Fonteniva ; — batailles de Caldiero ; — d'Arcole ; — sortie de Wurmser.

VI. Campagne de 1797.

1. Opérations en Italie.

205. Attaque générale par les Impériaux ; — bataille de Rivoli ; — combat d'Anghiari ; — bataille de la Favorite ; capitulation de Mantoue ; — combats de Faenza, — d'Ancône ; — traité de Tolentino ; — invasion du Tyrol et de la Carinthie. — Batailles du Tagliamento ; — de Tarvis ; — de Neumarckt ; — armistice de Léoben.

2. Opérations sur le Rhin.

206. Capitulations du fort de Kehl et de la tête de pont d'Huningue ; — bataille de Neuwied ; — combat de Diersheim.

207. Paix de Campo-Formio. — Coup d'État du 18 fructidor.

VII. Campagne de 1798 (transition entre les deux premières coalitions).

1. Expéditions à Rome, en Suisse et en Orient.

208. Berthier entre à Rome ; — invasion de la Suisse ; — débarquements infructueux en Irlande.

209. Départ pour l'Orient. — Prise de Malte ; — d'Alexandrie ; — batailles de Chobrakit ; — des Pyramides ; — d'Aboukir (navale) ; — de Sedyman. — Révolte du Caire ; — bataille de Samanhout ; — conquête de la haute Égypte.

210. Bonaparte entre en Syrie ; places qu'il prend ; attaque d'Acre ; — combat de Nazareth ; — bataille du mont Thabor ; — assaut d'Acre et retraite.

211. Bataille d'Aboukir ; — départ de Bonaparte. — Combat de Damiette ; — convention d'El-Arich ; — bataille d'Héliopolis ; — rentrée au Caire ; — mort de Kléber. — Bataille de Canope : — capitulations du Caire, — d'Alexandrie.

2. *Conquête de Naples.*

212. Invasion des États romains par les Napolitains ; — bataille de Civita-Castellana ; — rentrée à Rome ; — prise de Gaëte ; armistice de Capoue ; — entrée à Naples ; — abdication du roi de Sardaigne.

VIII. Campagne de 1799 (deuxième coalition).

1. *Opérations sur le Rhin et le Danube.*

213. Les Impériaux occupent les Grisons ; — Masséna les fait prisonniers ; — combat d'Ostrach ; attaque de Feldkirch ; — bataille de Stokach.

2. *Opérations en Italie.*

214. Combat de Pastringo ; — batailles de Magnano ; — de Cassano ; — combat de Bassignano ; retraite de Moreau dans la rivière de Gênes.

3. *Opérations en Helvétie.*

215. Combats dans l'Engadine et les Grisons ; — insurrection de l'Oberland ; — retraite de Lecourbe ; — les Impériaux passent le Rhin ; Masséna se retire sur le mont Albis ; — il étend sa ligne ; — Lecourbe reprend le Saint-Gothard ; — bataille de Zurich ; — retraite de Suwarow.

4. *Suite des opérations en Italie.*

216. Macdonald se retire en Toscane ; — bataille de la Trebbia ; — combat de Cassina-Grossa ; — capitulation de Naples ; — bataille de Novi ; — capitulation de Rome ; — bataille de Fossano ou la Genola ; capitulation de Coni.

5. *Opérations en Hollande.*

217. Débarquement des Anglo-Russes ; — attaque du Zyp ; — batailles de Bergen ; — d'Alkmaer ; — de Castricum ; — capitulation d'Alkmaer.

218. Renversement du Directoire, établissement du consulat.

ix. Campagne de 1800.

1. Opérations en Italie.

219. Prise de Savone; — combat de Voltri; — bataille de la Taggia; — capitulation de Gênes; — attaque du pont du Var.

220. Passage du grand Saint-Bernard. — Prise d'Ivrée; — combat de Romano; — passage du Tessin; — entrée de Bonaparte à Milan; — passage du Pô; — batailles de Montebello; — de Marengo; — convention d'Alexandrie.

2. Opérations en Allemagne.

221. Passage du Rhin; — bataille d'Engen et de Stokach; — batailles de Moëskirch; — de Biberach; — de Memmingen; — combat de Kirchberg; — bataille de Hochstett; — combat d'Oberhausen; — prise du camp de Feldkirch; — armistice de Parsdorf.

3. Fin des opérations en Allemagne.

222. Bataille d'Hohenlinden. — Armistice de Steyer; — marche victorieuse d'Augereau.

4. Fin des opérations en Italie.

223. Marche de Macdonald à travers le Splugen. — Bataille de Pozzolo. — Passage de l'Adige; armistice de Trévise; — paix de Lunéville.

x. Campagnes de 1801 et 1802.

224. Expédition préparée contre le Portugal; entrée en Espagne; — paix avec la cour de Lisbonne.

225. Flottille de Boulogne attaquée deux fois; — traité d'Amiens.

226. Expédition de Saint-Domingue; — soumission des noirs; — leur soulèvement général.

xi. Campagnes de 1803 et 1804.

227. Occupation de Naples; occupation du Hanovre.

228. Camp de Boulogne; perfectionnements dans l'organisation des armées.

229. Ralliement de la flottille; combats de l'île d'Houat et de

Flessingue; — bombardement du Havre; — mouvements des flottes.

230. Commencement de l'Empire.

II. EMPIRE.

I. Campagne de 1805 (troisième coalition).

1. *Opérations en Allemagne.*

231. Les Impériaux envahissent la Bavière. — Passage du Rhin, — du Lech; — combats de Vertingen; — de Guntzbourg; — d'Albeck; — d'Elchingen; — de Neresheim. — Capitulation d'Ulm. — Combats d'Amstetten; — de Dürnstein. — Occupation de Vienne; — batailles d'Hollabrunn; — d'Austerlitz; — paix de Presbourg.

2. *Opérations en Italie.*

232. Bataille de Caldiero. — Prise du pas de Scharnitz; — d'Inspruck; — Rohan capitule.

233. Conquête de Naples; — Joseph Napoléon reçoit le titre de roi; prise de Gaëte.

234. Bataille de Trafalgar.

II. Campagnes de 1806 et 1807.

1. *Opérations en Allemagne.*

235. Causes de la guerre avec la Prusse; combat de Saalfeld; — batailles d'Iéna et d'Auerstadt; — prise d'Erfurt; — combat de Halle; — entrée à Berlin; — capitulations du corps d'Hohenlohe, — du corps de Blucher.

236. Décrets de Berlin, système continental.

2. *Opérations en Pologne et dans la Prusse royale.*

237. Entrée à Varsovie, — passage de la Vistule et du Bug; — Batailles de Pulstuck et de Golymin; — combats de Passenheim; — de Deppen, de Bergfried, de Hoff, d'Eylau. — Batailles d'Eylau, d'Ostrolenka.

238. Siége de Dantzig et capitulation. — Les cantonnements français attaqués; — batailles d'Heilsberg; — de Friedland. — Traité de Tilsitt.

III. Campagne de 1808.

1. *Invasion du Portugal et de l'Espagne.*

239. Entrée de Junot en Espagne; — en Portugal; — à Lisbonne.

240. Entrée en Espagne de Dupont; — de Moncey. — Révolution d'Aranjuez. — Entrée de Ferdinand à Madrid; — il se rend à Bayonne. — Insurrection à Madrid.

241. La junte de Séville déclare la guerre aux Français; — mouvements des armées; — désarmement de Palencia, de Valladolid. — Bataille de Médina del Rio-Seco; — premier siége de Saragosse; — soulèvement de la Catalogne; — attaque de Valence. — Combat d'Andujar; — les Espagnols occupent Baylen; — bataille de Baylen; capitulation.

242. Bataille de Vimeiro; capitulation de Cintra.

2. *La grande armée envahit l'Espagne.*

243. Passage de la Bidassoa; — batailles d'Espinosa de los Monteros et de Burgos; — de Tudela; — de Somo-Sierra; — capitulation de Madrid; — combats des ponts del Arzobispo, — d'Almaraz.

244. Prise de Roses; — combats de Llinas; — de Molins del Rey.

245. Marche des Anglais sur Valladolid; — passage du mont Guadarrama; — retraite des Anglo-Espagnols; départ de l'Empereur. — Bataille de la Corogne.

IV. Campagne de 1809.

1. *Suite des opérations dans la Péninsule.*

246. Bataille d'Uclez. — Mouvement rétrograde de Saint-Cyr. — Siéges et capitulations de Girone, — de Saragosse; — combats d'Alcaniz; — de Maria; — de Belchite.

247. Soult entre en Portugal; — prise d'Oporto. — Batailles de Medelin; — de Ciudad-Real. — Wellington passe le Duero. — Belle retraite de Soult; — arrivée à Lugo; évacuation de la Galice.

248. Wellington entre en Espagne; — bataille de Talavera de la Reyna, combat du pont del Arzobispo ; — batailles d'Al-monacid ; — d'Ocaña; — combat d'Alba del Tormès;— chef des guérillas.

2. *Opérations en Allemagne.*

249. Les Impériaux envahissent la Bavière. — L'empereur à Donauwerth. — Combats de Than et Pfaffenhofen ; — bataille d'Abensberg ; — combat de Landshut ; — bataille d'Eckmuhl ; — prise de Ratisbonne, — passages de l'Inn, — de la Salza ; — combat d'Ebersberg ; — retraite d'Hiller au delà du Danube ; — prise de Vienne; — tentative pour passer le Danube ; — bataille d'Essling ; agitation en Allemagne.

3. *Opérations en Italie et dans le Tyrol.*

250. Invasion du Tyrol et des États vénitiens. —Retraite des Impériaux ; — Lefebvre dégage le Tyrol ;—bataille de la Piave ; — combat de Saint-Michel. — Jonction du vice-roi et de la grande armée. — Bataille de Raab.

4. *Fin des opérations en Allemagne.*

251. Bombardement de Presbourg ; — passage du Danube ; — bataille de Wagram ; — combat de Znaïm ; — armistice ; — traité de Vienne.

5. *Opérations en Pologne.*

252. Les Impériaux entrent à Varsovie ; — bataille de Grochow ;—combat de Gora ;—prise de Cracovie par Poniatowski.

v. Campagnes de 1810, 1811 et 1812.

1. GUERRE DE LA PÉNINSULE.

1. *Opérations contre l'armée anglaise.*

253. Prise d'Astorga ; — Reynier en Estramadure ; — prise de Ciudad-Rodrigo ; — d'Almeida ; — bataille de Busaco ; — lignes de Torrès-Vedras ; — Masséna à Santarem ; — il évacue le Portugal ; — bataille de Fuentès de Oñoro ; — Wellington reprend Ciudad-Rodrigo, — Badajoz, — le pont d'Almaraz ; — bataille de Salamanque ou des Arapiles ; — occupation de Madrid ; siége du château de Burgos ; — Soult déborde l'armée anglaise ; elle fait retraite.

2. *Opérations contre la régence de Séville.*

254. Passage de la Sierra-Morena ; — blocus de Cadix ; — attaques sur les flancs des assiégeants ; — combat de Baza ; — bataille de la Gebora ; — prise de Badajoz ; combat de Chiclana ; — bataille de la Albuhera ; — combat de Llerena ; — évacuation de l'Andalousie.

3. *Opérations dans la couronne d'Aragon.*

255. Ravitaillement de Barcelone ; — prise d'Hostalrich ; — reprise de Figuères ; — attaque de Valence ; — capture du jeune Mina ; — prise de Lérida ; — Mequinenza ; — Morella ; — Tortose ; — Tarragone ; — bataille de Sagonte ; — occupation de Valence ; — prise du fort de Peniscola ; — combat de Castella.

II. GUERRE DE RUSSIE.

1. *Marche sur Smolensk.*

256. Passage du Niémen ; — entrée à Wilna ; — grand détachement commandé par Murat ; — pénible retraite de Bagration ; — Napoléon se porte en avant ; — sa jonction avec Murat ; — combat d'Ostrowno, — de la Luressa ; — bataille de Mohilow ; — prise de Witepsk ; combat d'Inkowo ; — passage du Dnieper ; — combat de Krasnoï ; — bataille de Smolensk ; — de Valontina-Gora.

2. *Opérations des deux ailes.*

257. Blocus de Riga ; — combat de Jacoubowo ; — bataille de Polotsk.

258. Combat de Kobrin ; — bataille de Gorodezna.

3. *Marche sur Moscou.*

259. Départ de Smolensk ; — arrivée à Gjat ; — bataille de la Moskowa ; entrée à Moscou.

4. *Opérations sur les deux ailes.*

260. Les corps de Finlande et les volontaires de Pétersbourg renforcent Wittgenstein.

261. L'armée de Moldavie rallie Tormasow ; faux mouvements de Schwarzenberg ; combat de Biala.

5. *Retraite de Moscou.*

262. Départ de Moscou ; — bataille de Malojaroslawetz ; — combats de Viazma ; — de Dorogobouje ; l'hiver désorganise l'armée ; — échec de Baraguey d'Hilliers ; — bataille de Krasnoï ; belle retraite de Ney.

6. *Dislocation des deux ailes.*

263. Seconde bataille de Polotsk ; — prise de Witepsk par Wittgenstein.

264. Bataille de Wolkowisk ; — Tchitchagow prend Minsk et Borisof.

7. *Fin de la retraite de Moscou.*

265. Reprise de Borisof ; — combat de Tchasnitzi ; — passage de la Bérésina ; — bataille de la Bérésina ; — l'Empereur quitte l'armée ; — arrivée à Wilna ; — retraite de Macdonald ; — défection des Prussiens ; ses suites.

VI. Campagne de 1813.

1. *Opérations en Allemagne.*

266. Les Russes passent la Vistule ; — explosion de Berlin ; — prise de Hambourg ; — évacuation de Dresde ; — combats de Moeckern ; — de Weissenfels ; — de Poserna ; — bataille de Lutzen ; — rentrée à Dresde ; — batailles de Bautzen ; — de Wurschen ; — combat de Reichenbach ; — rentrée à Breslaw, armistice.

2. *Campagne d'automne en Allemagne.*

267. Les coalisés violent l'armistice ; — reconnaissance en Bohême ; — prise du camp de Pirna ; — batailles de Groosbeeren ; — de la Katzbach ; — de Dresde ; — de Culm ; — de Deennwitz ; — Wittgenstein reprend le camp de Pirna ; — l'Empereur le repousse ; — mouvements contre Blucher ; — jonction des coalisés ; — marche sur Wittenberg ; — défection des Bavarois ; — batailles de Vachau ; — de Leipzig ; — de Hanau ; rentrée en France.

268. Soulèvement de la Hollande ; — capitulations de Dresde, — de Dantzig ; — de Stettin, Zamosc, Modlin, Torgau.

3. *Opérations en Italie.*

269. Combats sur la Save et la Drave; — retraite sur l'Isonzo; — puis jusqu'à l'Adige; combats de Roveredo, — de Caldiero; prise de Trieste; — investissement de Venise; — défection de Murat.

4. *Opérations en Espagne.*

270. Wellington passe le Duero; — bataille de Vittoria; — combat de Zubiri; — combats sur la Nive et l'Adour.

271. Retraite de Suchet; combat du col d'Ordal.

VII. Campagne de 1814.

1. *Opérations sur l'Aube et la Seine.*

272. Les coalisés passent les ponts de Bâle et de Schaffhouse; — retraite des maréchaux français, — combats de Saint-Dizier; — de Brienne; — bataille de la Rothière; — combat de Rosnay; — déploiement devant Troyes; — retraite de l'Empereur.

2. *Opérations sur la Marne.*

273. Combat de Châlons; — retraite de Macdonald; — batailles de Champaubert; — de Montmirail; — de Château-Thierry; — de Vauchamps; — les coalisés prennent Soissons, — et Reims.

3. *Suite des opérations sur la Seine.*

274. Combat de Nogent; — prise de Bray; — de Sens; — retraite jusqu'à l'Yères; — l'Empereur rejoint l'armée de la Seine; — combat de Mormans; — bataille de Montereau; — les Impériaux à Troyes; — Combat de Méry-sur-Seine; — reprise de Troyes.

4. *Opérations sur la Marne et l'Aisne.*

275. Blucher passe l'Aube; — puis la Marne; — combat de Gué-à-Tresme; — efforts de Blucher pour passer l'Ourcq; sa retraite motivée par l'approche de l'Empereur; — sa détresse; refuge inespéré qu'il trouve dans Soissons; — attaque de cette ville; — reprise de Reims; — surprise du pont de Béry-au Bac; — batailles de Craone; — de Laon; — combat de Reims.

5. *Fin des opérations sur la Seine et l'Aube.*

276. Combat de Bar-sur-Aube; — perte de Troyes; — les coalisés passent la Seine et l'Aube; — Napoléon perce jusqu'à Méry; — bataille d'Arcis-sur-Aube.

6. *Opérations entre la Seine et la Marne.*

277. Combat sur l'Aisne; — les coalisés reprennent Reims; — Napoléon attaque Vitry-le-Français; — bataille de Fère-Champenoise; — résistance de Compans; — bataille de Paris; — défection du corps de Marmont; — abdication de l'Empereur.

7. *Opérations au Nord et défense des places.*

278. Défense d'Anvers; — combat dans Berg-op-Zoom; — réduction de Wittenberg, Glogau et Custrin; — convention désastreuse du 23 avril.

8. *Opérations au Midi.*

279. Bataille du Mincio.
280. Retraite de Soult; — bataille d'Orthez; — défection de Bordeaux; — bataille de Toulouse.
281. Faux mouvement d'Augereau; — combat de Limonest; — évacuation de Lyon.

VIII. Campagne de 1815.

282. Retour de l'île d'Elbe; — arrivée de Napoléon à Paris; — la coalition renouée; — insurrection de la Vendée et du Midi; — passage de la Sambre; — combat des Quatre-Bras; — bataille de Ligny; — bataille de Waterloo; — abdication de l'Empereur; — capitulation de Paris; — licenciement de l'armée.

FIN.

www.ingramcontent.com/pod-product-compliance
Lightning Source LLC
Chambersburg PA
CBHW061011050426
42453CB00009B/1367